AF315885

LA
VRAIE SOLUTION

ÉTUDE POLITIQUE

PARIS

E. DENTU, LIBRAIRE-ÉDITEUR

GALERIE D'ORLÉANS, PALAIS-ROYAL

1881

LA
VRAIE SOLUTION

ÉTUDE POLITIQUE

PARIS

E. DENTU, LIBRAIRE-ÉDITEUR

GALERIE D'ORLÉANS, PALAIS-ROYAL

—

1881

LA
VRAIE SOLUTION

ÉTUDE POLITIQUE

Jamais nous n'avons été plus convaincu de la nécessité de rétablir en France la monarchie des Bourbons, la seule exempte du germe révolutionnaire. A cette condition seulement, notre chère patrie pourra recouvrer l'honneur, la stabilité, les libertés nécessaires et la prospérité. Tous les hommes sensés sont pénétrés de cette vérité; mais ils diffèrent malheureusement sur les moyens de la mettre en pratique. Les moins nombreux, se jugeant les plus considérables, opinent pour un gouvernement absolu, sur lequel ils exerceraient plus aisément une influence prépondérante. (En politique l'idéal conduit toujours à d'amères déceptions, l'esprit pratique aboutit seul au succès.) A cet effet cette déplorable faction, plus royaliste que le roi, voudrait mettre la France humiliée et repentante aux pieds du comte de Chambord, sans réserves ni conditions, avec don Carlos pour son héritier légitime, à l'exclusion de la branche cadette des Bourbons. Double illusion à notre avis, car notre chère patrie, en immense majorité, est peu disposée à seconder ces vues ; et, s'y résignât-elle, dans d'extrêmes angoisses, il semble au moins très douteux qu'Henri V consentît à régner en France du vivant de sa femme. Si nos prévisions ne se réalisaient pas, dès que le peuple français commencerait à respirer à l'aise, la réaction se prononcerait contre le souverain qui aurait abusé de nos malheurs, et il serait renversé à courte échéance.

Les plus embarrassés sont les partisans de la monarchie héréditaire, traditionnelle, chrétienne et suffisamment libérale ; nous sommes de ce nombre. Nous comprenons parfaitement que le gouvernement de la branche cadette des Bourbons, héritière légitime d'Henri V, différerait essentiellement de celui de Louis-Philippe, dévoué à la révolution qui l'avait couronné, et battu en brèche : d'un côté par les amis de la branche aînée dépouillée de ses droits, et de l'autre par la tourbe des ignorants et des envieux qui ont toujours été le fonds de la république. Nos désirs toutefois ne sont réalisables qu'à l'avènement au trône de l'héritier légitime du comte de Chambord.

Ce prince règnera-t-il jamais ?... Telle est la question que nous nous posons avec une vive anxiété. Les absolutistes comptent sur les prochaines élections législatives pour le décider à admettre le peuple français à résipiscence. Ils se cotisent, forment des comités, composés de personnages aussi honorables qu'impopulaires, parce qu'ils symbolisent le gouvernement des nobles et des prêtres, que les intelligences supérieures de la noblesse, la bourgeoisie et les classes inférieures repoussent absolument ; il faut être sourd et aveugle pour ne pas le comprendre. Il est certain que les candidats présentés par ces comités échoueraient en grande majorité. Les abstentions seraient plus nombreuses que par le passé ; il serait élu plus de bonapartistes que de royalistes, et les républicains reviendraient triomphants, moins les modérés remplacés par des communards amnistiés. Les hommes qui nous gouvernent seraient moins audacieux s'ils ne prévoyaient pas ce résultat de nos divisions dans les prochaines élections.

C'est alors qu'ils donneraient carrière à leurs passions cruelles, rapaces et subversives de tout ordre social ! Il est évident que les vaincus dans la lutte électorale seraient les premières victimes de leur vengeance. La commune serait reconstituée à Paris et établie dans toutes les villes de France; Rochefort et Gambetta, rivaux de popularité, feraient assaut de férocité pour la mériter. Quand le maître sentirait que le pouvoir est sur le point de lui échapper, il ferait diversion en déclarant la guerre à l'étranger, à l'exemple de tous les tyrans d'aventure. Nous comprenons que le premier coup de canon pourrait mettre un terme à la terreur ; mais la France ne serait-elle pas envahie et, cette fois, réduite au dernier rang des puissances européennes ?... Tel serait le fatal châtiment de notre égoïsme et de nos divisions : plus de patriotisme, plus de patrie possible ; l'arbre national, manquant de racines, s'effondrerait par la force des choses. Nous voulons bien que le patriotisme ne serait qu'éclipsé, et qu'il renaîtrait de notre honte et de nos regrets ; mais quelle effroyable série de guerres et de sanglantes répressions nous aurions à subir, sans succès probable ! La Pologne nous fournit un avertissement impitoyable.

Comparons devant l'opinion le comte de Chambord et le comte de Paris :

Le premier, par notre faute, a quitté la France en 1830 ; depuis cinquante ans, il a constamment vécu à l'étranger où il a reçu les hommages fidèles du parti qui avait poussé Charles X aux fatales ordonnances. La grande masse des électeurs, plus compétents à juger les personnes que les principes politiques, ne le connaît pas. Elle n'a entendu parler de lui que par les partisans du gouvernement absolu, que, d'instinct, elle repousse, ce qui semble démontrer que la Providence n'a pas créé le peuple français pour cette forme de gouvernement. Qu'on veuille bien considérer que la moitié des électeurs ne dépasse pas l'âge de trente-deux ans, et que, dans cette catégorie, les plus jeunes sont les plus nombreux et les plus inexpérimentés, les plus dispo-sés à l'entraînement des passions, les plus rebelles à la voix de la raison et de la religion, les plus hostiles au gouvernement des nobles et des prêtres, suivant leurs préjugés insurmontables, hélas ! (1).

Qu'on veuille bien se rendre compte du petit nombre d'électeurs ruraux et citadins qui assistent à la messe le dimanche ! Il n'y en a pas un vingtième dans la généralité. Nous reconnaissons que le sens moral en a séparé quelques-uns des radicaux ; mais l'abstention et le bonapartisme les absorberont, si on ne prend pas à leur égard les ménagements nécessaires.

Ne perdons pas de vue que le mieux est ennemi du bien. Gardons-nous d'éloigner, par des préférences nuisibles au principe, des suffrages disposés à rétablir la monarchie légitime, traditionnelle et libérale.

Que le patriotisme domine les sympathies !

On pense généralement que le comte de Chambord ne saurait aimer sincèrement ni la France, ni les princes d'Orléans, et qu'il courrait de grands dangers personnels s'il venait régner en France. Il n'a jamais fait connaître à quelles conditions précises il accepterait le trône auquel il doit être rappelé. Le drapeau blanc n'est qu'un accessoire insignifiant au regard des intérêts suprêmes qui sont en péril ; quant aux conditions principales, il s'est tenu dans un vague peu rassurant, qui lui permettrait toujours de se dérober aux désirs du peuple français.

La comtesse de Chambord, d'origine autrichienne, n'a

(1) Proudhon, le plus enragé des jacobins, mais le plus sincère des républicains, a dit dans une de ses lettres :

« La France, révolutionnaire par entraînement, césarienne par affolement, républicaine par accident, est royaliste par caractère, par tradition, par instinct. Le seul moyen sérieux, pratique, efficace, qu'il y ait de l'empêcher de revenir au gouvernement de ses anciens rois, vers lequel elle s'est portée d'elle-même au lendemain de ses grandes catastrophes, en 1814, en 1848, c'est d'exploiter les préjugés répandus depuis nombre d'années contre les représentants et les institutions de la monarchie. Républicains, mes frères, si vous voulez empêcher pour longtemps une restauration qui, de période en période, se présente fatalement comme l'inévitable conséquence des cataclysmes politiques réitérés, travaillez de votre mieux, de toutes vos forces et sans relâche, à l'exploitation des préjugés qui se rencontrent dans les masses ! »

Les disciples ont exactement appliqué les leçons du maître !...

jamais effleuré de ses pieds le sol français. Elle a certaine-
ment un noble cœur pour aimer Dieu, sa patrie et sa
famille ; or, les armes et les intrigues de Napoléon III ont
dépossédé le grand Pie IX du pouvoir temporel indispensable à l'administration de l'Eglise catholique ; elles ont
aussi dépouillé François-Joseph de sa splendide Vénétie, le
plus beau fleuron de sa couronne impériale, et tous les
princes autrichiens de leurs gouvernements en Italie. Elle
est, à double titre, petite nièce de Louis XVI et de Marie-
Antoinette, martyrisés par le peuple de Paris ; elle est belle-
fille du duc de Berry, égorgé par Louvel en pleine restauration monarchique. La raison indique qu'elle doit détester
les d'Orléans du fond de son cœur ; que jamais elle ne
consentira à ce que son royal et cher époux vienne affronter,
à soixante ans, les dangers du séjour de Paris (sous le
poignard des communards), dans l'intérêt des parents
éloignés que ses amis repoussent sans le dissimuler.

Henri V abondonnera-t-il sa femme ? Jamais !

En admettant l'impossible, c'est-à-dire l'intronisation en
France des hôtes royaux de Frohsdorf, la cour se compose
du roi, de la reine, des princes et princesses de la branche
cadette. Nous y voyons le roi fort préoccupé de sa situation
personnelle. Personne n'ignore que la reine n'est plus jeune,
qu'elle est atteinte d'une infirmité qui la dispenserait de
la direction de la cour ; elle vivrait nécessairement sur des
charbons ardents, loin des réceptions obligées, retirée dans
ses appartements, ayant pour unique compagnie quelques
anciens amis dévoués.....principalement à leurs passions.
Nous y voyons les nombreux courtisans la délaissant pour
prodiguer leurs hommages intéressés aux princesses d'Orléans non moins pures que brillantes. Nous y voyons les
intrigues en mouvement, le choc des principes et des con-
voitises, et leur fatale conséquence : la discorde à la cour.
Chacun reconnaîtrait la garantie de l'avenir dans ce
groupe de jeunes princes capables de monter à cheval
et de défendre au besoin l'honneur et les intérêts de

leur patrie. Tel est le tableau de la cour dans l'hypóthèse prévue.

D'Orléans, Nemours, d'Aumale, Joinville ont laissé d'excellents souvenirs dans nos armées de terre et de mer. Les paysans et les ouvriers, d'un âge mûr aujourd'hui, ont servi sous leurs ordres et se souviennent de leur bravoure dont ils ont entretenu leur famille et le public. Depuis son retour de l'exil, la famille d'Orléans n'a suscité que des regrets et des sympathies par son désintéressement.

Si les élections prochaines s'accomplissent sous le patronage des ultra-royalistes qui se posent d'office en directeurs de l'opinion, les princes d'Orléans et leurs amis se borneront à voter silencieusement et beaucoup de ces derniers s'abstiendront.

Les paysans, hostiles à la République en grand nombre, voteront principalement pour les bonapartistes; beaucoup d'entre eux voteront aussi pour la république en crainte du maire, par ce raisonnement : si ce coquin était réélu il pourrait me vexer en mainte occasion, tandis que je n'aurai jamais rien à redouter de son concurrent qui est un brave homme.

A la campagne, le secret du vote est une dérision pour tous. Dans ces conditions le triomphe de Gambetta serait inévitable.

Le moyen le plus sûr de parer à cette catastrophe serait l'abdication du comte de Chambord. Le patriotisme, l'honneur et le devoir semblent la lui conseiller à l'envi; il conserverait ainsi tout son lustre au principe monarchique. Abdiquera-t-il ? hélas ! nous n'y comptons guère. Nous lui accordons les circonstances atténuantes des illusions et des perfides conseils, mais il trouverait des juges plus sévères que nous après les malheurs que la France aurait subis par sa faute. Déjà, nous avons entendu murmurer le nom du trop fameux connétable, et la crainte d'une vengeance préméditée à quatre cents lieues de son pays..... L'histoire impitoyable ne pourrait-elle pas confirmer ce soupçon ? A notre avis, ce serait une calomnie; veuf, à ses risques et périls, le prince se dévouerait a sa patrie dont il a médité dans l'exil les aspirations et les besoins. Ignorant, comme nous tous, les desseins de la Providence, il garde une réserve prudente qui nous porte à tout espérer et à tout redouter. Dans cette perplexité, le patriotisme manque de ressort. Par l'abdication accomplie aussitôt après la dissolution des 363, les élections seraient monarchiques en assez grande majorité pour faire disparaître les chefs de la république que nous subissons. Le comte de Chambord ne s'appellerait plus qu'Henri V. L'immense majorité du peuple français le comblerait d'hommages, de respect et de reconnaissance, comme son sauveur ; l'histoire lui décernerait les plus glorieux éloges. Par ce mot magique : Abdication ! la France reprendrait d'un bond le premier rang parmi les nations du monde.

Le prince comprendra-t-il que l'abnégation lui serait plus profitable que l'action ?... Dieu veuille l'inspirer ! Dépositaire, et non propriétaire, de la clef de la maison, qu'il veuille bien comprendre qu'il ne peut se dispenser d'ouvrir la porte ou de remettre la clef à son successeur légitime !

Ce que nous venons d'écrire nous est dicté par le patriotisme le plus désintéressé. Indépendant par caractère et par position, n'ayant rien à solliciter ni pour nous, ni pour les nôtres, nous recherchons le salut de notre patrie avec les lumières de la vérité et de la justice. Les ultra-royalistes nous accuseront de mettre la division dans le parti conservateur, par la raison, qu'en démasquant leur impuissance, nous prévenons la duperie. Ils croiront nous faire une grosse injure en nous qualifiant d'orléaniste, nous qui n'avons eu aucune relation avec la branche cadette de la maison de Bourbon, et qui n'avons eu jamais l'occasion d'en voir un seul membre !... Nous ne nous intéressons aux d'Orléans que parce que la volonté divine a placé dans leurs veines le sang monarchique héréditaire. Nous sommes fidèles au Credo et à l'évangile selon saint Jean.

A défaut de l'abdication, il nous resterait, grâce à Dieu, une autre voie de salut moins sûre qu'il dépendrait de nous seuls de pratiquer. Nous nous adressons à tous les Français imbus de raison et de patriotisme : membres de la magistrature, de l'armée, du barreau, hommes d'affaires de toute condition, médecins, industriels, négociants, savants, littérateurs, cultivateurs, ouvriers, rentiers, tous convaincus de la nécessité de régénérer notre patrie en rentrant dans la tradition monarchique, nous vous supplions de peser les considérations qui précèdent, sans en rechercher la source. Nous tous sommes la science, l'intelligence, les lumières, l'activité, la production sous toutes les formes ; tous les rouages d'une société puissante sont entre nos mains. Si nous comprenons la nécessité de l'union, nous n'aurons plus à compter avec les révolutionnaires blancs et rouges qui occupent les deux extrémités de la politique. Que notre ambition à tous soit la prospérité de la patrie ! cette mère féconde la divisera entre tous ses enfants plus sûrement que l'égoïsme.

Les élections générales législatives approchent : Gambetta nous l'a annoncé du haut de sa toute-puissance, si aisément usurpée à l'aide de nos divisions, de notre égoïsme, de nos abstentions, de nos peurs, oui ! de nos peurs..... Ne nous dissimulons aucune de nos humiliations si nous voulons nous en relever. Mettons à profit la dernière ressource de régénération que la Providence réserve probablement à notre patrie. Ne nous laissons pas surprendre par l'effet d'une coupable et irrémédiable apathie. Nos ennemis sont prêts et comptent sur la victoire facilitée par notre inertie. Une armée de cent mille hommes dispersée ne saurait résister à un régiment bien organisé et discipliné.

Qu'il soit fait dans toute la France un appel à la concorde, à l'union dans le but d'obtenir une majorité de députés dévoués à la monarchie traditionnelle, chrétienne et libérale ! Les candidats devront tous assurer leurs électeurs de leur désir formel : 1° de rappeler au trône le comte de Chambord ; 2° et, si le prince était sourd à leur appel, pour quelque motif que ce fût, de le proclamer roi

avec un conseil de régence régulièrement institué. Point de
déchéance ni de recours anticipé au comte de Paris ; ce
prince a dit avec toute raison : « je suis un héritier, non un
prétendant », et il ne se départira pas de cette parole aussi
loyale que sensée. Il est temps que la presse monarchique
sorte de ses vagues aspirations. Les critiques ont assez
duré, il s'agit de passer à l'action. L'unité morale de la
France a été détruite par la multiplicité des journaux ;
l'opinion a été pulvérisée ; il est indispensable de la recons-
tituer dans un but commun. Que chacun de ses organes fasse
connaître nettement ses préférences, et les motive ! Les
électeurs choisiront en connaissance de cause. La crainte de
mécontenter actionnaires et abonnés manque de fondement ;
les uns et les autres sont haletants d'en finir avec la stupide
anarchie qui menace tous les intérêts. Les journaux auront
le même nombre de lecteurs ; il se fera quelques échanges,
peut-être, mais sans préjudice pour les caisses.

Après avoir lu les spirituelles critiques des journaux
conservateurs chacun se dit : c'est bien ! mais après !... Il
est indispensable de donner satisfaction à cette très légitime curiosité.

Les journalistes couservateurs de province attendent
avec impatience l'initiative de leurs confrères de Paris.

Nous serions très heureux de voir les bons citoyens de
chaque commune se concerter pour désigner un délégué par
cent électeurs, ou fraction de cent, qui se réuniraient au chef-
lieu de canton, afin d'y choisir deux délégués par canton ;
ceux-ci se réuniraient au chef-lieu du département et y for-
meraient une commission chargée de désigner les candidats
à la députation départementale. Sans doute les citoyens qui
la composeraient auraient des difficultés à vaincre, des pré-
tentions locales à discuter ; mais leur plus grand écueil serait de découvrir les intrigues des candidats d'office.

Il ne faudrait ni les repousser de parti pris, ni les ac-
cueillir trop aisément. Avant de se réunir les délégués can-
tonaux devraient examiner si, autour d'eux, il existe des

hommes éclairés, désintéressés, indépendants et honnêtes, dignes d'être députés, sans en manifester le désir ; ils seraient les meilleurs, si, touchés des suffrages de leurs concitoyens, ils se décidaient à accepter le mandat législatif. Malheureusement pour la France on n'a jamais suivi cette voie ; le plus souvent les suffrages se sont égarés sur des ambitieux qui se sont imposés par leur audace et leur argent, ou celui de leur parti.

Chaque candidat devrait répondre publiquement et sans détours aux interpellations précises, nettes, formelles touchant ses principes politiques et économiques ; et, s'il était agréé par la majorité de la commission, reproduire ses engagements dans une profession de foi imprimée et publiée.

Le principe monarchique, traditionnel, héréditaire, dont la restauration est reconnue nécessaire par l'élite et la grande majorité du peuple français, repose sur la tête du comte de Chambord. L'avenir de notre malheureuse et chère patrie dépend de sa volonté : si elle pouvait conduire la France aux abîmes, le coup le plus fatal serait porté au principe monarchique dans le monde entier. Cette conséquence est indéniable. Quelle responsabilité devant Dieu et devant l'histoire ! C'est donc à son cœur royal et français que s'adressent nos réflexions, non moins qu'à sa raison.

Roi de France par le droit, il semble que la Providence n'ait ménagé ses jours qu'afin de nous apprendre à tous, prince et peuple, les dangers de la méconnaissance du droit qui signifie : Justice et Vérité. Depuis cinquante ans que le pays s'épuise dans la révolution, il est incontestable que la Justice et la Vérité ont beaucoup souffert de l'égoïsme, seul héritier possible du droit, et que notre patrie est sur le point de tomber la première dans l'abîme entr'ouvert pour engloutir l'Europe et la civilisation chrétienne.

« Cessons de récriminer les uns contre les autres, car nous sommes tous coupables », a dit en chaire l'illustre cardinal Pie qui vient d'être ravi à l'Eglise de France.

Nous voudrions faire pénétrer cette évangélique parole dans le cœur de tous les Français....

Oui, nous sommes tous coupables ! Le jour où cette vérité éclairerait les esprits dirigeants, la France serait sauvée.

Le comte de Chambord aura-t-il pitié de sa patrie (la reine des patries du globe) œuvre de ses aïeux ? secondera-t-il les très légitimes désirs de plus de trois cents magistrats, honneur de la France, qui ont obéi à la voix de leur conscience (malgré les besoins d'un grand nombre), et qui n'espèrent rentrer dans leurs fonctions que par la restauration du trône des Bourbons ? Voudra-t-il nous rendre la liberté d'enseignement, la plus précieuse conquête de notre siècle sur le despotisme, et que celui-ci vient de nous reprendre brutalement ?

Ne vengera-t-il pas nos religieux chassés de leurs pieux asiles, par des procédés de vidangeur, et traqués comme des bêtes fauves ?

Délivrera-t-il de la serre des vautours ces malheureux auxiliaires de Constans que nous avons vus, contraints par le besoin, accomplir leur infâme besogne la honte au front et les larmes aux yeux ? Le peuple entier l'en conjure !

Ces deux cent mille fonctionnaires, dont la conscience torturée implore son secours, les dédaignera-t-il ?

Notre vaillante armée, si pressée d'en finir avec le présent qui la déshonore, n'a-t-elle pas ses plus vives sympathies ?

Et de vingt millions d'agriculteurs ruinés par les mercenaires de l'étranger, n'entendra-t-il pas les cris de détresse ?

Non, le comte de Chambord ne saurait méconnaître ces grands et impérieux devoirs. S'il ne peut les accomplir lui-même, il les confiera au prince qu'il a nommé son dauphin, aux acclamations de l'immense majorité du peuple français.

C'est en vain que les émules de M. de la Rochette nient cette manifestation nationale, renouvelée en mainte occasion, même au château de Chambord, sous la présidence de M. Baragnon.

Que se passe-t-il de nos jours? Les nouvelles couches parvenues au pouvoir, en invoquant la liberté, font peser sur la France le joug le plus honteux.

Non contents de s'être emparés de tous les emplois publics, en augmentant les bénéfices à leur profit, nos maîtres tendent à nous dépouiller de nos droits les plus précieux, les plus nécessaires, les plus inviolables. Foulant aux pieds toutes les lois divines et humaines, ils prétendent substituer leur athéisme à la foi chrétienne dans l'éducation de nos enfants.

Le 29 mars 1880, en plein XIXe siècle, un avocat a pu biffer d'un trait de plume les constitutions et les lois protégeant la liberté du père de famille, le domicile et la propriété. Ni les remontrances des plus illustres jurisconsultes, ni les énergiques protestations de la magistrature n'ont pu conjurer ce monstrueux attentat, unique dans notre histoire. On avait vu des assassinats juridiques, partiels, par le fer, l'eau et le feu ; des massacres opérés par des séides ivres de sang ; on n'avait pas encore osé exproprier le cœur humain du droit naturel confié aux parents par le divin Créateur, d'élever leurs enfants suivant leur conscience; c'est le crime le plus hideux du despotisme de l'avoir supprimé.

Pour comble de cynisme, le même avocat tout-puissant a réintégré dans tous leurs droits de citoyens les assassins et les incendiaires de la Commune. Qui ne verrait dans cette coïncidence l'ébranlement de sa confiance et le désir d'acquérir de nouveau le concours de ses premiers complices?

Le monde civilisé a horreur des excès de notre gouvernement; tous ses organes de publicité les flétrissent à l'unisson. Ils se demandent comment le président de la République peut se résigner à contresigner seulement les décrets du dictateur Génois? On nous prend en pitié et en mépris.

Les intérêts moraux de la France ne sont pas les seuls

sacrifiés par nos gouvernants, ils ne ménagent pas davantage ses intérêts matériels : le libre-échange ruine l'agriculture; les impôts et les emprunts s'accroissent annuellement; le commerce et l'industrie sont paralysés par l'inquiétude des esprits ; la sève de notre patrie s'écoule par tous les pores. Assez ! Assez ! Assez !

Français, réveillons-nous ! hâtons-nous de reprendre la triple voie de nos grandeurs : Dieu, le roi, la liberté !

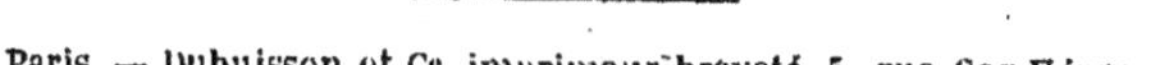

Paris. — Dubuisson et Co, imprimeur breveté. 5, rue Coq-Héron

Paris — Dubuisson et Cᵉ, imprimeur breveté, 5, rue Coq-Héron.

www.ingramcontent.com/pod-product-compliance
Lightning Source LLC
LaVergne TN
LVHW010140060726
842524LV00005B/2036